schräge vögel
krause gedanken

BOOKS on DEMAND

erich krause

schräge vögel
krause gedanken – fabelhafte gedichte und bilder

(liederbuch Nr. 2)

Erich Krause war Lehrer und Rektor an Grundschulen. Gedichte und Lieder macht er zu seinem und anderer Leute Vergnügen - oft auch, um Alltägliches oder Besonderes ironisch und kritisch zu betrachten. Mehr über den Autor auf www.erich-krause.de.

Bibliografische Information der Deutschen Nationalbibliothek:
Die Deutsche Nationalbibliothek verzeichnet diese Publikation in der Deutschen Nationalbibliografie; detaillierte bibliografische Daten sind im Internet über http://dnb.dnb.de abrufbar.

© 2015 Erich Krause
Illustrationen vom Autor, außer S. 49 Zeichnung von Tim Krause
Herstellung und Verlag: BoD – Books on Demand, Norderstedt
ISBN: 9783743142046

INHALT

FABELHAFT

fabelhaft – um's gleich zu klären
meint nicht, die gedichte wären
höchst vollendet

der begriff wird hier ganz sachlich
literarisch, also fachlich
angewendet:

wie in fabeln geht es hier
meist um's menschliche beim tier
nicht um sachliche berichte

doch ich werd' mich nicht beklagen
sollte einmal jemand sagen:
fabelhaft sind die gedichte

SCHRÄGE VÖGEL

schräge vögel pfeifen schräge lieder
schräge vögel tun es immer wieder
schräge vögel machen schräge sachen
und nicht jeder kann darüber lachen

schräge vögel sind oft auch exotisch
sind chaotisch oder auch neurotisch
manche sind auch schlicht unangenehm
oder manchmal nichts von alledem

schräge vögel strengen manchmal an
dass man sie fast nicht ertragen kann –
doch die welt wär nicht so voller leben
würd´ es nicht auch schräge vögel geben

FLIEG, VOGEL

flieg, vogel, flieg, du hast es leicht im leben
für uns geht's mühsam nur hinauf
flieg, vogel, flieg, was kann es schön'res geben:
hebst dich empor und pfeifst darauf

da unten auf der welt
ist oft der blick verstellt –
das alles stört dich nicht
wenn man darüber schwebt
und wie ein vogel lebt
dann hat man freie sicht

flieg, vogel, flieg, du hast es leicht im leben
von unten sieht es einfach aus
flieg, vogel, flieg, was kann es schön'res geben:
auf und davon und hoch hinaus

wenn man hier unten geht
und was im wege steht
dann wird es unbequem
doch wenn man drüber fliegt –
egal, was drunter liegt –
dann ist es kein problem

HUND UND KATZ

warum sich hund und katze nicht vertragen
das kann ich euch schon sagen

sie lebten ziemlich friedlich lange zeit
doch eines tages kam es dann zum streit

sie gingen beide auf den rummelplatz –
er,der hund, und sie, die katz

er sprach: komm, gehen wir ins zelt
sie sagt, dass ihr das nicht gefällt

sie sprach: komm mit zum karussell
er meint, das dreht sich viel zu schnell

er sagte hü, sie sagte hott
er fand was blöd, sie fand es flott

sie wollt nach rechts, er wollt nach links
sie mag den duft, er sagt: hier stinkt's

sie stritten laut und es ging rund -
so kam die freundschaft auf den hund

und dann verließen sie den platz
und es war alles für die katz

KATZ UND MAUS

die katze sprach zur maus:
gleich ist es mit dir aus

da sprach die maus:
mach dich nicht wichtig
ich glaube fast du tickst nicht richtig
ich möchte jetzt nach hause gehn
auf wiedersehn!

da schaut die katz,
es geht die beute –

na ja, so sind
die mäuse heute

KATZE AM ZAUN

ohne Worte

TIERSCHICKSALE

der dumme esel
sagt immer i-ja

das dumme schwein
lässt sich gerne mästen

die dumme kuh
lässt sich von jedem melken

das dumme schaf
kommt nie ungeschoren davon

und die dümmsten kälber
wählen ihre metzger selber

DIE FLIEGE

die fliege ist ein kleines tier
(im vergleich zu dir und mir)
doch sie kann ziemlich lästig sein
und ist mitunter ganz gemein

an speisen, an gebäck und flaschen
lässt sie sich nieder um zu naschen
beim frühstück hat sie ungebeten
die butter und das ei betreten

sie wechselt schnell vom hundekot
zu einem marmeladebrot
(ansonsten ist sie ziemlich reinlich
und putzt die flügelchen ganz peinlich)

und wenn ich müd im bette liege
stört oft das brummen einer fliege
und sie bekrabbelt ohne eile
die unbedeckten körperteile

die fliegen sind - das ist bekannt -
nicht selten ziemlich penetrant
doch es ist schwer sie zu besiegen
weil sie mobiler sind - und fliegen

WÄR ICH EINE FLIEGE

wär ich eine fliege, dann flög ich zu dir
dann schwebte ich – ach, das wünsche ich mir –
voll glück und zufrieden über dein bett
und würde dich wecken, zärtlich und nett

wär ich eine fliege, summte ich dir was vor
ich setzte mich vorsichtig auf dein Ohr
erfände für dich eine melodie –
schenktest du mir gehör, wär ich glücklich wie nie

wär ich eine fliege, jagtest du mich nicht fort
dann wär ich ganz reinlich, ich geb dir mein Wort
ich gewöhnte mir ab, über mist zu laufen
oder über fäkalien und hundehaufen

ach, das wünschte ich so sehr
wenn ich eine fliege wär

doch weil ich ja weiß, dass du fliegen verachtest
ihnen sogar nach dem leben trachtest
hat es schon seinen tieferen sinn
dass ich keine fliege bin

DER FROSCH

mein frosch quakt laut und gerne
doch les ich ihm was vor
dann zeigt er interesse
und leiht mir gern sein ohr

geschichten mit viel tiefsinn
empfindet er als qual
und seine interessen
sind eher trivial

es sollte turbolent sein
und hin und wieder mal
mag er sich auch gern gruseln –
die logik ist egal

phantastische geschichten
sind das, was ihm so liegt
es ist ihm aber wichtig
dass stets das gute siegt

er liebt die abenteuer
aus längst vergangner zeit
und meint, er wär auch selber
zur heldentat bereit

am liebsten mag er märchen
weil er da sehr drauf steht
ich las ihm den froschkönig vor
da hat er durchgedreht

nun meint er, dass er selber
auch so verzaubert ist
er sucht nach ´ner prinzessin
und hofft, dass sie ihn küsst

ÖLSARDINEN

wenn die ölsardinen wüssten
an sardiniens wilden küsten
dass ein boot mit netz an bord
grad verlässt den fischerort
blieben sie nicht länger dort

doch die ölsardinen, sie sind dumm
ungebildet, sprachlos stumm

eines tages liegen sie dann ohne hemd und hose
tot und ratlos in der ölsardinendose

UNTERWASSERWELT

ohne worte

(negativ einer bleistiftzeichnung)

TERMITEN

mit gebührendem respekt in erinnerung
an ringelnatz

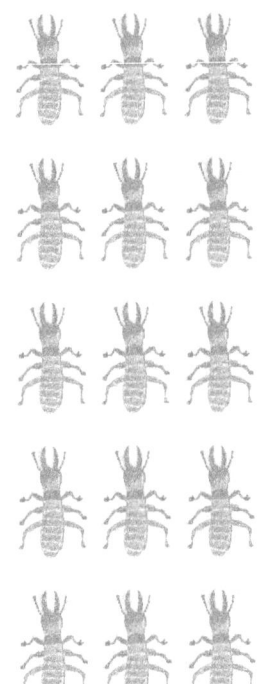

bei ringelnatz wollten zwei ameisen
von hamburg nach australien reisen
sie haben den ausflug zu fuß unternommen
und sind deshalb leider nicht weit gekommen

ein paar termiten in übersee
die hatten 'ne ähnliche idee
doch sie haben es schlauer angefangen
und sind heimlich an bord eines schiffs gegegangen
sozusagen als blinde passagiere
(das ist kein problem für so kleine tiere)

und nach einer woche kamen sie dann
wohlbehalten in hamburg an
sie schrieben nach hause: wir grüßen von fern
und wir haben hamburg zum fressen gern

RELATIV

ein tausendfüßler, ziemlich klein
der stolperte, brach sich ein bein
es war für ihn kein großer schreck
er macht es ab und wirft es weg
er hat genug reservebeine
es war nicht schade um das eine

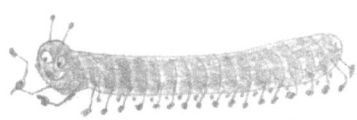

ein regenwurm, noch ziemlich klein
der fiel vom turm und brach sich sein...
(ich weiß nicht recht - wie nennt man das?)
auf jeden fall, war's für ihn krass
es war für ihn ein schlimmer schock
er kriegt 'nen gips und geht am stock

auch wenn's vielleicht ein bisschen primitiv ist:
es zeigt uns der vergleich, dass alles relativ ist

INTERNETZOOLOGIE

im internet ist heute so-
zusagen jedes schwein
es scheint der allergrößte zoo
auf dieser welt zu sein

ich sag das nicht bloß so dahin
ihr könnt mir das schon glauben
ich bin ja selber auch mit drin
und kann mir das erlauben

man schlägt sein rad dort wie ein pfau
oder versucht sich anzupassen
doch immer wieder wird die sau
von jemand rausgelassen

und schräge vögel pfeifen munter
und manchmal ziemlich penetrant
aus einer mücke wird mitunter
ein dicker elefant

und breitet sich ´ne meinung aus
entsteht vielleicht ein schwarm
zwar meistens aus dem bauch heraus –
doch oft auch aus dem darm

DAS DIGITALE SCHWEIN

das digitale schwein kann zwar
laut piepen und auch blinken
doch es ist völlig unbrauchbar
für würste und für schinken

es stinkt auch nicht und grunzt nicht echt
es wälzt sich nicht im schlamm
und wenn, dann eher schlecht als recht
im schweinespiel-programm

es läuft mit netz und batterie
man braucht dazu `ne app
erfunden hat es ein genie
nun hat es jeder depp

es hat gar keinen sinn und zweck
auch nutzen hat es keinen
doch nimmt man es den kindern weg
dann jammern sie und weinen

unzählige leute, groß und klein
hat dieser hype schon bald erfasst
und wer's nicht hat, bildet sich ein
er hätt' was wichtiges verpasst

DER HAHN

der hahn kräht immer auf dem mist
wenn ihm danach zu mute ist
es klingt mitunter echt verboten -
denn manchmal kräht er falsche noten

besonders gern in aller frühe
doch meistens auch den ganzen tag
kräht er und gibt sich größte mühe
weil er ja so gern singen mag

das schwein kam aus dem stall heraus
und rief: das hält kein schwein mehr aus!
musst du die lieder so verhunzen?
kannst du es denn nicht richtig grunzen?

es protestierte auch die kuh
der hund hielt sich die ohren zu
die pferde wieherten vor lachen
der hahn singt - da ist nichts zu machen

wir wollen mal ganz ehrlich sein:
hier singt doch weit und breit kein schwein,
kein pferd, kein hund und keine kuh -
und nur der hahn hat mut dazu

tragisches ende:
der bauer fühlte sich gestört
und reagierte sehr empört
er gab dem hahn den todesstoß –
die hühner waren fassungslos
und protestierten dann dagegen
mit einem streik beim eierlegen

DIE WESPE

bemerkung eines ökologisch orientierten mitmenschen
zum opfer eines wespenstichs

du hättest nicht nach ihr schlagen sollen
und zu ihr nichts böses sagen sollen
du hättest sie nicht beleidigen sollen
weil wespen sich nämlich verteidigen wollen
beziehungsweise sich rächen
und stechen

du musst auch die wespen verstehen
dass sie, wenn sie riechen und sehen
dass draußen der tisch gedeckt ist
ihr instinkt selbstverständlich geweckt ist

du darfst nicht nach wespen schlagen
du solltest sie auch nicht jagen
sie wollen dich nicht attackieren –
sie wollen doch nur probieren

auch wespen wollen ja leben –
und würde es keine wespen geben
dann wäre die welt doch sicher nicht
im ökologischen gleichgewicht –

na gut, das tröstet dich
über den schreck
und über den stich
jetzt nicht hinweg

MÜCKE UND ELEFANT

der elefant, das ist bekannt ist ziemlich groß und mächtig
die mücke passt in jede lücke, sie ist klein und schmächtig
doch manchem ist das ganz egal - er lässt es richtig krachen
und will aus einer mücke einen elefanten machen

vielleicht macht er es immer so und neigt zum übertreiben
vielleicht macht er es einfach nur um im gespräch zu bleiben
vielleicht macht er's ganz raffiniert um von was abzulenken
vielleicht macht er es aber auch um andere zu kränken

der mücke-elefanten-trick, der geht auch umgekehrt:
es wird ein lästiges problem zur kleinigkeit erklärt
und so macht man geschickt und oft sogar mit list und tücke
aus einem elefanten sozusagen eine mücke

vielleicht um zu beschwichtigen und sorgen zu vertreiben
vielleicht soll eine üble sache unterm teppich bleiben
vielleicht auch wieder aus kalkül um von was abzulenken
vielleicht um uns daran zu hindern ernsthaft nachzudenken

jedoch: statt dinge aufzubauschen und zu unterdücken
wär es doch sicher besser elefanten nicht in mücken
und mücken nicht in große elefanten zu verwandeln
und dinge stets entsprechend der bedeutung zu behandeln

MÜCKEN

der mücken provokantes singen
kann einen zur verzweiflung bringen
und die ganz besonders frechen
mücken möchten uns auch stechen

am wasser und im sonnenschein
sind mücken oft ganz hundsgemein
und massenhaft als mückenplage
verderben sie die sommertage

und wehrt man sich mit recht dagegen
dann ist man meistens unterlegen
denn trotz unbestritt'ner größe
zeigt der mensch so manche blöße

SPINNEN (1)

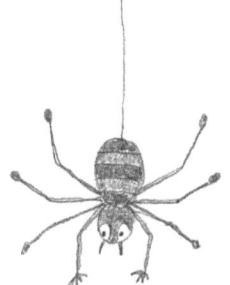

tina ist zu spinnen gar nicht nett:
wenn sie klein sind, sagt sie: sie sind fett
wenn sie schön sind, sagt sie: sie sind hässlich
ach, ihr hass ist einfach unermesslich

tina ist zu spinnen ungerecht
überall macht sie die spinnen schlecht:
wenn sie was verabscheut und beklagt
kann es sein, dass sie "pfui spinne" sagt

tina ist zu spinnen ganz gemein
manchmal schlägt sie auf 'ne spinne ein
und ihr hass ist fast wie eine sucht -
doch zum glück ergreift sie meist die flucht

SPINNEN (2)

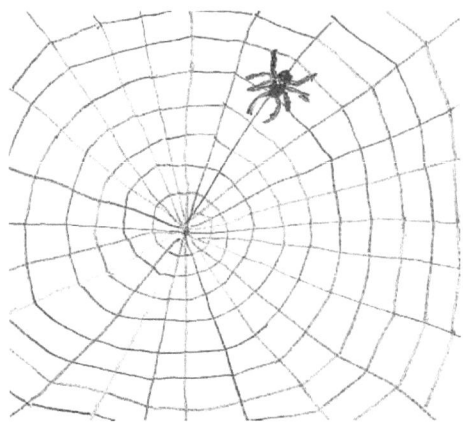

spinnen - obwohl nützlich und bescheiden -
müssen unter vorurteilen leiden
und es gibt - noch mehr als mancher meint -
leute, die sind spinnen spinnefeind

wenn die spinnen die insekten fangen
heißt es bloß, das könnt' man ja verlangen
aber das sind spinnen ja gewohnt
dass man ihre arbeit nicht belohnt

wenn dezent die spinnen in den ecken
sich ganz rücksichtsvoll vor uns verstecken
sagt man, spinnen säßen überall
und sie planten einen überfall

sitzen spinnen friedlich in den netzen
dann beginnt man, gegen sie zu hetzen
(und sagt all die die bösen worte gerne
mit sich'rem abstand aus gewisser ferne)

lassen spinnen sich am faden runter
von der decke, dann wird mancher munter
und er tobt und flucht ganz unverschämt -
andre sind vor schreck total gelähmt

fährt ein spinnenfeind aus seiner haut
ist er ungerecht und wird dann laut
sagen spinnen, weil sie friedlich sind
höchstens mal verärgert: ach, der spinnt!

mit gebührendem respekt in erinnerung an
christian morgenstern

DAS WIESEL

eines nachts saß mal wieder das wiesel
inmitten bachgeriesel auf dem kiesel
und träumte dort von einer fahrt im diesel
auf neuen, unbekannten wegen
bei schneegegriesel und bei nieselregen

da blinkte von fern der morgenstern
und meinte recht verlegen:

das arme tier, das säße hier
nur seinet- und des reimes wegen
er hätte dies nicht erst seit heut
bedauert und zutiefst bereut

man sollte dieses tier doch bitte nun in ruhe lassen
und sich mit einem ernsthaften problem befassen

DER FUCHS

der fuchs hat eine gans gestohlen
und gab sie nicht mehr her
da wollten sie den jäger holen
mit dem schießgewehr

doch kein jäger war zu sehn
der fuchs hat laut gelacht
konnt wieder zu den gänsen gehn
schon in der nächsten nacht

die gänse warn verloren
im stall war es bald still
der fuchs blieb ungeschoren
und macht nun, was er will

TAUBE AUF DEM DACH

es heißt, an die taube auf dem dach
denkt keiner mit klarem verstand
besser wäre auf ja jeden fall
der spatz in der hand

der spatz hat sich einige sorgen gemacht
doch ehrlich gesagt: man erwischt ihn schlecht
die taube hat sich ins fäustchen gelacht –
so wie es war, so war es ihr recht

und die taube meinte aus höherer sicht:
ach, leute glaubt solche sprüche nicht!
es wird wieder so wie immer enden –
am schluss steht ihr da mit leeren händen

KONFERENZ DER TIERE

die konferenz der tiere findet in der regel statt,
wenn der löwe als könig ein bedürfnis danach hat
die tagesordnung wird auf seine weisung angesagt
und kein schwein wird je zuvor gefragt

der könig löwe spricht ganz demokratisch:
die mehrheit gilt natürlich automatisch.
doch eines solltet ihr niemals vergessen:
die meisten von euch könnte ich auch fressen

der hase kriegt es mit der angst
auch manches andre vieh
versteht den löwen nur zu gut und widerspricht ihm nie
und halten sie es für geboten, weil's der löwe will,
dann heben sie die pfoten wie verlangt schön brav und still

der hammel und natürlich auch das schaf
die blicken dumpf und nicken immer brav
es ist nicht mal die angst, die sie bewegt –
sie hätten sich mit niemand angelegt

die schnecke spricht zum löwen laut: hoch lebe unser chef!
er ist der schlauste und kennt alles längst aus dem ff!
und besser als wir alle weiß er doch allemal!es
und ihre schleimspur zog sich deutlich durch den ganzen saal

die vögel zwitschern laut in süßem ton:
okay, herr könig, wir versteh'n dich schon!
einander sagen sie: regt euch nicht auf!
wir fliegen dann davon und pfeifen drauf!

der elefant, der lacht in sich hinein:
ist mir egal, was ist – ob ja, ob nein
kein konferenzbeschluss hält mich je auf
und steht mir was im weg, dann tret' ich drauf

sie gingen auseinander – na, zum glück war es jetzt rum
der brummbär, der entfernte sich mit hörbarem gebrumm
die ziege hat gemeckert, hunde pinkelten ans tor –
und eigentlich war alles ganz genauso wie zuvor

der könig war zufrieden und er sprach
zu seiner königin dann kurz danach:
ich fühl mich heute wieder königlich!
sie respektieren und sie lieben mich

OBEN UND UNTEN

oben ist es angenehmer
unten ist es unbequemer

oben sitzt man ohne enge
unten gibt es ein gedränge

oben kann man es sich richten
unten hat man viele pflichten

oben hat man freie sicht –
die darunter sieht man nicht

UFO
(unbekanntes flügelobjekt)

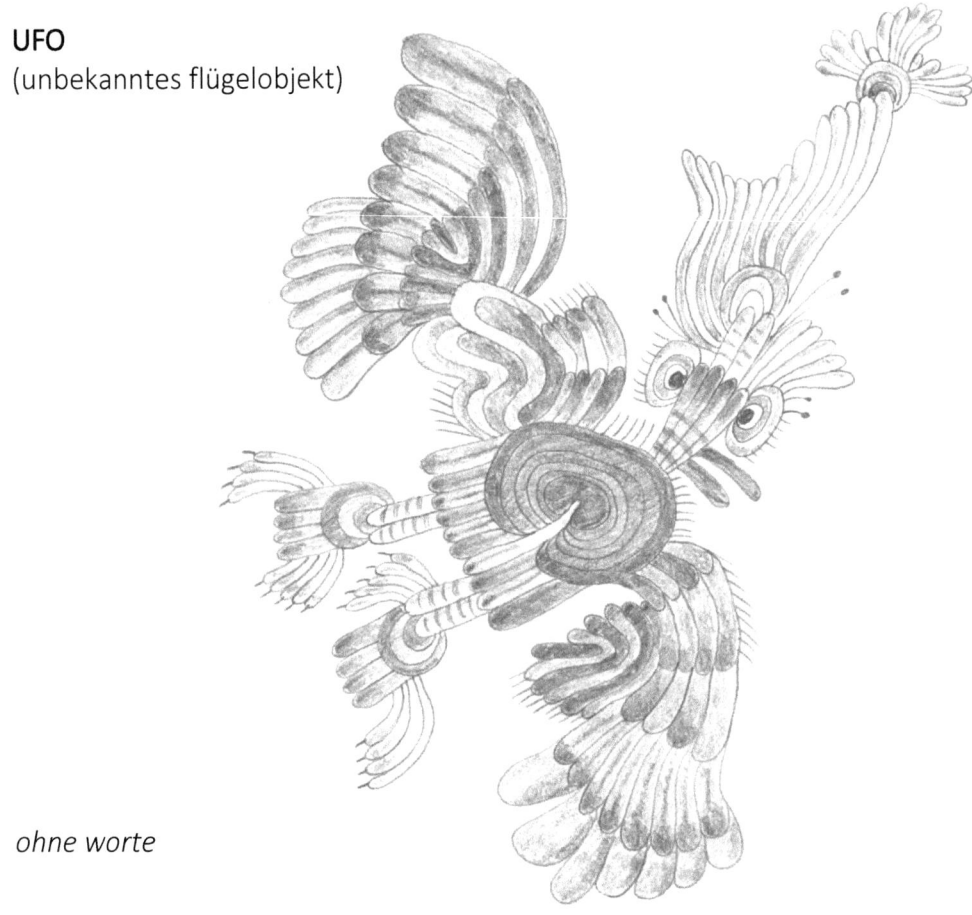

ohne worte